어린이도 어른도 손글씨로
바르고 충실하게~

四字小學
사자소학 익히고 쓰기

야기공방 엮음 | 김영배 글씨

(주)학은미디어

… 책머리에

〈사자소학〉에 대한 관심이 뜨겁습니다.

〈사자소학(四字小學)〉은 조선 초기부터 사학(四學) · 향교 · 서원 · 서당 등 전국의 교육 기관에서 〈천자문(千字文)〉과 더불어 가장 먼저 가르쳤던, 생활 한자를 이용해 경전의 내용을 알기 쉽게 엮은 기초 한문 학습서이자 인성 교육서입니다. 〈천자문〉이 세상의 사물을 알게 하는 인지 교과서라면, 〈사자소학〉은 사람의 도리를 깨닫게 하는 인성 교과서라고 할 수 있지요.

중국 송나라의 유학자 주희(朱熹)가 8세 안팎의 어린이를 가르치기 위해 제자인 유자징에게 지시하여 편집하게 하고 자신이 직접 교열 · 가필한 〈소학(小學)〉을 바탕으로, 조선의 실정에 맞게 다듬고 보완하였는데, 〈사자소학〉이라 불리는 것은 4개의 글자, 즉 사자(四字)가 한 구(句)를 이루기 때문입니다.

〈사자소학〉은 오랜 세월에 걸쳐 여러 사람에 의해 우리나라 어린이에게 맞게 정리된 만큼, 사람이면 누구나 익히고 지켜야 할 생활 규범이 구체적이고 상세하게 실려 있고, 또한 한자 및 한문 학습의 기초가 되는 필수 한자가 공부하기 쉽게 잘 정리되어 있습니다.

내가 누구인지, 부모와 친구를 어떻게 대하고, 사회와 국가 구성원으로서 어떻게 행동해야 하는지 스스로 깨달아 실천할 수 있도록 이끌어 주는 동시에 기초 한자 학습까지 할 수 있으니, 교육계에서 새삼스럽게 주목하는 것도 이상한 일이 아닙니다.

이 책은 여러 버전의 〈사자소학〉 중 가장 근간을 이루는 276구를 오늘날에 맞게 재구성하고 쉽고 재미있게 뜻풀이를 하였으며, 편안하면서도 충실하게 쓰기 연습을 할 수 있도록 모범 손글씨를 보이고, 글자마다 훈(訓)과 음(音), 부수(部首)와 획수, 쓰는 순서를 담았습니다.

초등학생부터 중 · 고등학생, 어른까지 차근차근 익히고 쓰면서 한자의 기초를 다지고, 아울러 각 구에 담긴 깊은 의미를 마음에 새기시기 바랍니다.

…엮은이…

한자(漢字)가 만들어지는 원리

한자는 다음의 6가지 원리에 의하여 만들어진다.
이 6가지 원리를 육서(六書)라고 한다.

1. 상형(象形)

사물의 모양을 본뜬 글자. 육서 중 가장 기본이 되는 원리로 약 600자에 이른다.

日 날 일　　月 달 월

2. 지사(指事)

추상적인 기호로 특정한 상태를 암시한 글자.

上 윗 상　　下 아래 하

3. 회의(會意)

둘 이상의 한자를 합성하여 만든 글자.

日 + 月 = 明
날 일　달 월　밝을 명

人 + 木 = 休
사람 인　나무 목　쉴 휴

4. 형성(形聲)

두 글자를 합해 만든 글자로 한쪽은 뜻(訓), 다른 쪽은 음(音)을 나타낸다.

言 + 己 = 記
말씀 언　몸 기　기록할 기

耳 + 門 = 聞
귀 이　문 문　들을 문

5. 전주(轉注)

이미 있는 한자를 다른 뜻으로도 쓰는 것으로, 음이 바뀌는 경우도 있다.

樂 노래 악/ 즐길 락/ 좋아할 요　　惡 악할 악/ 미워할 오

6. 가차(假借)

원래의 뜻과 상관없이 음(音)만을 빌려 쓰는 글자.

★Asia 아시아 → 아세아(亞細亞)　　★France 프랑스 → 불란서(佛蘭西)

한자의 일반적인 필순(筆順)

한자의 필순을 정확히 알면 물이 흐르듯 자연스럽게 글씨를 써 내려갈 수 있고, 균형 있고 아름다운 글자 모양이 완성된다.

1. 위에서 아래로
위를 먼저 쓰고 아래는 나중에

一 二 三, 一 丅 工

2. 왼쪽에서 오른쪽으로
왼쪽을 먼저, 오른쪽을 나중에

丿 川 川, 丿 亻 仁 代 代

3. 밖에서 안으로
둘러싼 밖을 먼저, 안을 나중에

丨 冂 月 日, 丨 冂 田 田 田

4. 안에서 밖으로
내리긋는 획을 먼저, 삐침을 나중에

亅 小 小, 一 二 亍 示

5. 왼쪽 삐침을 먼저
① 左右에 삐침이 있을 경우

亅 小 小, 一 十 土 赤 赤 赤 赤

② 삐침 사이에 세로획이 없는 경우

乛 コ 尸 尺, 亠 六 六

6. 세로획을 나중에
위에서 아래로 내리긋는 획을 나중에

丨 冂 口 中, 丨 冂 日 日 甲

7. 가로로 꿰뚫는 획은 나중에
가로획을 나중에 쓰는 경우

乀 女 女, 乛 了 子

8. 오른쪽 위의 점은 나중에
오른쪽 위의 점을 맨 나중에 찍음

一 ナ 大 犬, 一 二 〒 式 式 式

9. 책받침은 맨 나중에

一 厂 斤 斤 沂 沂 近

丷 䒑 兰 关 关 送 送 送

10. 가로획을 먼저
가로획과 세로획이 교차하는 경우

一 十 十 古 古, 一 十 士 志 志

一 十 支 支, 一 十 土

一 二 丰 末 末, 一 十 廾 廾 共 共

11. 세로획을 먼저
① 세로획을 먼저 쓰는 경우

丨 冂 巾 由 由, 丨 冂 冂 用 田

② 둘러싸여 있지 않은 경우에는 가로획을 먼저 쓴다.

一 丅 干 王, 丶 亠 十 丰 主

12. 가로획과 왼쪽 삐침
① 가로획을 먼저 쓰는 경우

一 ナ 左 左 左, 一 ナ 才 存 存 在

② 위에서 아래로 삐침을 먼저 쓰는 경우

丿 ナ 十 右 右, 丿 ナ 十 有 有 有

＊위에 든 원칙은 일반적으로 널리 쓰이는 것이며, 위의 원칙에 따르지 않는 경우도 있다.

… 차 례

부	생	아	신	모	국	오	신
父	生	我	身	母	鞠	吾	身

아버지는 내 몸을 낳으시고,

어머니는 내 몸을 기르셨다.

父	生	我	身	母	鞠	吾	身
아비 부	날 생	나 아	몸 신	어미 모	기를/공 국	나 오	몸 신
父－0	生－0	戈－3	身－0	毋－1	革－8	口－4	身－0
父	生	我	身	母	鞠	吾	身
父	生	我	身	母	鞠	吾	身
父	生	我	身	母	鞠	吾	身

★나를 이 세상에 태어나게 하셨다는 뜻임.

★鞠(국) : 기르다, 양육하다

복	이	회	아	유	이	포	아
腹	以	懷	我	乳	以	哺	我
배로써 나를 품어 주시고,				젖으로써 나를 먹여 주셨다.			
腹	以	懷	我	乳	以	哺	我
배 복	써 이	품을 회	나 아	젖 유	써 이	먹일 포	나 아
肉－9	人－3	心－16	戈－3	乙－7	人－3	口－7	戈－3
腹	以	懷	我	乳	以	哺	我
腹	以	懷	我	乳	以	哺	我
腹	以	懷	我	乳	以	哺	我

★…以 : …을 써서. 수단, 방법, 재료 등을 나타내는 어조사

★哺(포) : 먹이다, 먹여 기르다

이 의 온 아	이 식 포 아
以衣溫我	**以食飽我**
옷으로써 나를 따뜻하게 해 주시고,	밥으로써 나를 배부르게 하셨다.

以	衣	溫	我	以	食	飽	我
써 이	옷 의	따뜻할 온	나 아	써 이	밥/먹을 식	배부를 포	나 아
人－3	衣－0	水－10	戈－3	人－3	食－0	食－5	戈－3
以	衣	溫	我	以	食	飽	我
以	衣	溫	我	以	食	飽	我
以	衣	溫	我	以	食	飽	我

★溫은 '묻다, 배움' 의 뜻도 있음. 溫故知新(온고지신)

★食은 '밥 사' 로도 새긴다. 飯疏食(반소사)

은 고 여 천 恩高如天 그 은혜는 하늘과 같이 높고,	덕 후 사 지 德厚似地 그 공덕은 땅과 같이 두텁다.

恩	高	如	天	德	厚	似	地
은혜 은	높을 고	같을 여	하늘 천	큰 덕	두터울 후	닮을/같을 사	따/땅 지
心－6	高－0	女－3	大－1	彳－12	厂－7	人－5	土－3

★如와 似는 둘 다 '같다, 비슷하다'는 뜻임.

★德은 '덕 덕'으로도 새긴다.

위	인	자	자	갈	불	위	효
爲	人	子	者	曷	不	爲	孝

사람의 자식 된 자로서 / 어찌 효도를 하지 않을 수 있으리오.

爲	人	子	者	曷	不	爲	孝
할 위	사람 인	아들 자	놈 자	어찌 갈	아닐 불	할 위	효도 효
爪－8	人－0	子－0	老－5	曰－5	一－3	爪－8	子－4

★曷은 '何(어찌 하)'와 뜻이 같다.

★不은 뒤에 오는 글자의 첫소리가 ㄷ, ㅈ일 때 '아닐 부'로 새긴다.

욕 보 심 은 欲報深恩 그 깊은 은혜를 갚고자 하나				호 천 망 극 昊天罔極 (그 은혜가) 넓은 하늘과 같이 끝이 없다.			
欲	報	深	恩	昊	天	罔	極
하고자 할 욕	갚을/알릴 보	깊을 심	은혜 은	하늘 호	하늘 천	없을 망	극진할/다할 극
欠－7	土－9	水－8	心－6	日－4	大－1	罒－3	木－9
欲	報	深	恩	昊	天	罔	極
欲	報	深	恩	昊	天	罔	極
欲	報	深	恩	昊	天	罔	極

★昊天罔極(호천망극) : 부모의 은혜가 넓고 큰 하늘과 같이 다함이 없음을 이름.

부 모 호 아	유 이 추 지
父母呼我	**唯而趨之**
부모님께서 나를 부르시면	'예' 하고 대답하고 재빨리 달려가고,

父	母	呼	我	唯	而	趨	之
아비 부	어미 모	부를 호	나 아	오직 유	말 이을 이	달아날 추	갈 지
父－0	毋－1	口－5	戈－3	口－8	而－0	走－10	丿－3
父	母	呼	我	唯	而	趨	之
父	母	呼	我	唯	而	趨	之
父	母	呼	我	唯	而	趨	之

★唯는 '예' 하고 공손히 대답한다는 뜻도 있음.

★趨(추) : 종종걸음으로 빨리 걷다.

유	명	필	종	물	역	물	태
有	命	必	從	勿	逆	勿	怠

명령이 있으면 반드시 따르고, (그 명령을) 거스르지 말고 게을리하지 마라.

有	命	必	從	勿	逆	勿	怠
있을 유	목숨 명	반드시 필	좇을 종	말 물	거스를 역	말 물	게으를 태
月－2	口－5	心－1	彳－8	勹－2	辶－6	勹－2	心－5

★위에서 命은 '명령'의 뜻으로 쓰였음.

★勿… : …하지 아니하다, …하지 마라.

부	모	책	지	물	노	물	답
父	母	責	之	勿	怒	勿	答

부모님께서 (너를) 꾸짖으시더라도 / 성내지도 말고, 말대답도 하지 마라.

父	母	責	之	勿	怒	勿	答
아비 부	어미 모	꾸짖을 책	갈 지	말 물	성낼 노	말 물	대답 답
父－0	毋－1	貝－4	丿－3	勹－2	心－5	勹－2	竹－6

★위에서 之는 대명사로서 쓰인 어조사

★答은 '말대답을 하다' 의 뜻으로 쓰였음.

시	좌	친	전	물	거	물	와
侍	坐	親	前	勿	踞	勿	臥

부모님을 모시고 그 앞에 앉을 때에는 / 쭈그리고 앉지 말고, 눕지도 마라.

侍	坐	親	前	勿	踞	勿	臥
모실 시	앉을 좌	친할 친	앞 전	말 물	쭈그리고 앉을 거	말 물	누울 와
人－6	土－4	見－9	刀－7	勹－2	足－8	勹－2	臣－2
侍	坐	親	前	勿	踞	勿	臥
侍	坐	親	前	勿	踞	勿	臥
侍	坐	親	前	勿	踞	勿	臥

★親은 '부모'를 이르기도 함.

★踞(거) : 쭈그리고 앉다, 걸터앉다

시	좌	친	측	물	노	책	인
侍	坐	親	側	勿	怒	責	人

부모님을 곁에서 모실 때에는 / 성내어 남을 꾸짖지 마라.

侍	坐	親	側	勿	怒	責	人
모실 시	앉을 좌	친할 친	곁 측	말 물	성낼 노	꾸짖을 책	사람 인
人－6	土－4	見－9	人－9	勹－2	心－5	見－4	人－0
侍	坐	親	側	勿	怒	責	人
侍	坐	親	側	勿	怒	責	人

★侍坐(시좌) : 웃어른을 모시고 앉음.

★위에서 人은 '남, 타인' 을 이름.

부	모	출	입	매	필	기	립
父	母	出	入	每	必	起	立

부모님께서 나가시거나 들어오실 때에는 그때마다 반드시 일어나 서라.

父	母	出	入	每	必	起	立
아비 부	어미 모	날 출	들 입	매양 매	반드시 필	일어날 기	설 립
父－0	毋－1	凵－3	入－0	毋－3	心－1	走－3	立－0
父	母	出	入	每	必	起	立
父	母	出	入	每	必	起	立
父	母	出	入	每	必	起	立

★每必起立(매필기립) : 드나들 때마다 꼭 일어선다는 뜻.

물 립 문 중 勿立門中 문 한가운데 서 있지 말고,	물 좌 방 중 勿坐房中 방 한가운데 앉아 있지 마라.

勿	立	門	中	勿	坐	房	中
말 물	설 립	문 문	가운데 중	말 물	앉을 좌	방 방	가운데 중
勹－2	立－0	門－0	丨－3	勹－2	土－4	戶－4	丨－3
勿	立	門	中	勿	坐	房	中
勿	立	門	中	勿	坐	房	中
勿	立	門	中	勿	坐	房	中

출 입 문 호 出入門戶 문을 나가고 들어올 때에는	개 폐 필 공 開閉必恭 (문) 열고 닫기를 반드시 공손히 하라.

出	入	門	戶	開	閉	必	恭
날 출	들 입	문 문	집 호	열 개	닫을 폐	반드시 필	공손할 공
凵-3	入-0	門-0	戶-0	門-4	門-3	心-1	心-6
出	入	门	户	開	闭	必	恭

★門戶(문호) : 집으로 드나드는 문

★위에서 恭은 '조심성 있게 조용히 하다'의 뜻.

수	물	대	타	역	물	홍	언
須	勿	大	唾	亦	勿	弘	言

모름지기 크게 소리 내어 침 뱉지 말고,

또한 큰 소리로 말하지 마라.

須	勿	大	唾	亦	勿	弘	言
모름지기 수	말 물	큰 대	침 타	또 역	말 물	클 홍	말씀 언
頁-3	勹-2	大-0	口-8	亠-4	勹-2	弓-2	言-0

★大唾(대타) : 크게 소리 내어 침을 뱉음.

★弘言(홍언) : 큰 소리로 말함.

구 물 잡 담	수 물 잡 희
口勿雜談	手勿雜戲
입으로는 잡담을 늘어놓지 말고,	손으로는 손장난을 하지 마라.

口	勿	雜	談	手	勿	雜	戲
입 구	말 물	섞일 잡	말씀 담	손 수	말 물	섞일 잡	희롱할 희
口-0	勹-2	隹-10	言-8	手-0	勹-2	隹-10	戈-13(정자)

★雜戲(잡희) : 여러 가지 놀이. 여기서는 손장난을 이름.

★戲는 戲의 속자로 흔히 정자 대신 쓰기도 한다.

행	물	만	보	좌	물	의	신
行	勿	慢	步	坐	勿	倚	身

걸어 다닐 때에는 거만하게 걷지 말고, 앉을 때에는 (벽 따위에) 몸을 기대지 마라.

行	勿	慢	步	坐	勿	倚	身
다닐 행	말 물	거만할 만	걸음 보	앉을 좌	말 물	의지할 의	몸 신
行－0	勹－2	心－11	止－3	土－4	勹－2	人－8	身－0
行	勿	慢	步	坐	勿	倚	身
行	勿	慢	步	坐	勿	倚	身
行	勿	慢	步	坐	勿	倚	身

★慢步(만보) : 삼가지 않고 제멋대로 걸음.

★위에서 倚는 '기대다' 의 뜻으로 쓰였음.

부	모	의	복	물	유	물	천
父	母	衣	服	勿	踰	勿	踐

부모님의 의복을 / 넘지도 말고 밟지도 마라.

父	母	衣	服	勿	踰	勿	踐
아비 부	어미 모	옷 의	옷 복	말 물	넘을 유	말 물	밟을 천
父－0	毋－1	衣－0	月－4	勹－2	足－9	勹－2	足－8

★踐은 '지킬 천'으로도 새긴다. 實踐(실천)

슬 전 물 좌 膝前勿坐 (부모님) 무릎 앞에 앉지 말고,	면 상 물 앙 面上勿仰 (부모님의) 얼굴을 올려다보지 마라.

膝	前	勿	坐	面	上	勿	仰
무릎 슬	앞 전	말 물	앉을 좌	낯 면	윗 상	말 물	우러를 앙
肉 - 11	刀 - 7	勹 - 2	土 - 4	面 - 0	一 - 2	勹 - 2	人 - 4
膝	前	勿	坐	面	上	勿	仰
膝	前	勿	坐	面	上	勿	仰
膝	前	勿	坐	面	上	勿	仰

부 모 와 명	부 수 청 지
父母臥命	俯首聽之
부모님께서 누워서 명령하시더라도,	머리를 숙이고 (그 명령을) 들어라.

父	母	臥	命	俯	首	聽	之
아비 부	어미 모	누울 와	목숨 명	구부릴 부	머리 수	들을 청	갈 지
父 - 0	毋 - 1	臣 - 2	口 - 5	人 - 8	首 - 0	耳 - 16	丿 - 3
父	母	臥	命	俯	首	聽	之
父	母	臥	命	俯	首	聽	之
父	母	臥	命	俯	首	聽	之

★위에서 命은 '명하다, 명령을 내리다'의 뜻으로 쓰였음.

★위에서 之는 대명사로서 쓰인 어조사

계	명	이	기	필	관	필	수
鷄	鳴	而	起	必	盥	必	漱

닭이 울자마자 일어나서 / 반드시 세수하고 양치질을 하며,

鷄	鳴	而	起	必	盥	必	漱
닭 계	울 명	말 이을 이	일어날 기	반드시 필	대야 관	반드시 필	양치질할 수
鳥－10	鳥－3	而－0	走－3	心－1	皿－11	心－1	水－11

★鷄鳴(계명) : 첫닭이 울 무렵, 즉 이른 새벽

★盥(관) : 그릇에 물을 담아 두 손을 씻는다는 뜻.

신 필 선 기	모 수 후 침
晨必先起	暮須後寢
새벽에는 반드시 먼저 일어나고,	밤에는 모름지기 뒤에 잠자리에 들어라.

晨	必	先	起	暮	須	後	寢
새벽 신	반드시 필	먼저 선	일어날 기	저물 모	모름지기 수	뒤 후	잘 침
日－7	心－1	儿－4	走－3	日－11	頁－3	彳－6	宀－11

★위에서 先은 부모님보다 먼저를 이름.

★위에서 後는 부모님이 잠자리에 든 뒤를 이름.

부 모 유 병	우 이 모 추
父母有病	**憂而謀瘳**
부모님께서 편찮으실 때에는	근심하며 병이 나을 수 있도록 꾀하고,

父	母	有	病	憂	而	謀	瘳
아비 부	어미 모	있을 유	병 병	근심 우	말 이을 이	꾀 모	나을 추
父－0	毋－1	月－2	疒－5	心－11	而－0	言－9	疒－11
父	母	有	病	憂	而	謀	瘳

★憂(우) : 근심하다, 두려워하다

★而는 그리고, …하면서 등 순접 역할을 하는 어조사

부	모	불	식	사	득	양	찬
父	母	不	食	思	得	良	饌

부모님께서 진지를 드시지 않을 때에는 좋은 반찬을 장만하려고 궁리하라.

父	母	不	食	思	得	良	饌
아비 부	어미 모	아닐 불	밥/먹을 식	생각 사	얻을 득	어질 량	반찬 찬
父－0	毋－1	一－3	食－0	心－5	彳－8	艮－1	食－12

★不… : …하지 아니하다.

★思(사) : 여러 가지로 생각하다, 궁리하다

음 식 친 전	무 출 기 성
飮食親前	毋出器聲
부모님 앞에서 음식을 먹을 때에는	그릇 소리가 나지 않도록 하고,

飮	食	親	前	毋	出	器	聲
마실 음	밥/먹을 식	친할 친	앞 전	말 무	날 출	그릇 기	소리 성
食－4	食－0	見－9	刀－7	毋－0	凵－3	口－13	耳－11
飮	食	親	前	毋	出	器	聲
飮	食	親	前	毋	出	器	聲
飮	食	親	前	毋	出	器	聲

★飮食(음식) : 먹고 마심.

★毋… : …하지 마라. (금지)

의 복 수 악 **衣服雖惡** 비록 의복이 나쁘더라도	여 지 필 착 **與之必着** (부모님께서 의복을) 주시거든 반드시 입어라.

衣	服	雖	惡	與	之	必	着
옷 의	옷 복	비록 수	악할 악	더불/줄 여	갈 지	반드시 필	붙을 착
衣－0	月－4	隹－9	心－8	臼－7	丿－3	心－1	目－7
衣	服	雖	惡	與	之	必	着
衣	服	雖	惡	與	之	必	着
衣	服	雖	惡	与	之	必	着

★雖惡(수악) : 비록 나쁘더라도.

★着(착) : 붙이다, (옷을) 입다, (신을) 신다

음	식	수	염	사	지	필	상
飮	食	雖	厭	賜	之	必	嘗

비록 어떤 음식을 싫어하더라도 / (부모님께서 음식을) 주시면 반드시 맛보아라.

飮	食	雖	厭	賜	之	必	嘗
마실 음	밥/먹을 식	비록 수	싫어할 염	줄 사	갈 지	반드시 필	맛볼 상
食－4	食－0	隹－9	厂－12	貝－8	丿－3	心－1	口－11
飮	食	雖	厭	賜	之	必	嘗
飮	食	雖	厭	賜	之	必	嘗
飮	食	雖	厭	賜	之	必	嘗

★厭(염) : 싫어하다, 미워하다, 물리다

★賜(사) : 하사하다, 은혜를 베풀다

평	생	일	기	기	죄	여	산
平	生	一	欺	其	罪	如	山

평생 단 한 번이라도 (부모님을) 속인다면 / 그 죄는 산과 같다.

平	生	一	欺	其	罪	如	山
평평할 평	날 생	한 일	속일 기	그 기	허물 죄	같을 여	메 산
干－2	生－0	一－0	欠－8	八－6	罒－8	女－3	山－0

★如… : …와 같다.

약	고	서	적	불	부	동	왕
若	**告**	**西**	**適**	**不**	**復**	**東**	**往**

만약 서쪽으로 간다고 (부모님께) 아뢰었으면 / 다시 동쪽으로 가지 말 것이며,

若	告	西	適	不	復	東	往
같을 약	고할 고	서녘 서	맞을 적	아닐 불	다시 부	동녘 동	갈 왕
艹-5	口-4	西-0	辶-11	一-3	彳-9	木-4	彳-5

★若… : 만약에 …하다면.

★위에서 適은 '갈 적' 으로 쓰임.

★復는 '회복할 복' 으로도 새긴다.

출	필	고	지	반	필	배	알
出	必	告	之	返	必	拜	謁

외출할 때에는 반드시 (부모님께 그것을) 아뢰고, 집에 돌아오면 반드시 (부모님을) 배알하라.

出	必	告	之	返	必	拜	謁
날 출	반드시 필	고할 고	갈 지	돌이킬 반	반드시 필	절 배	뵐 알
凵-3	心-1	口-4	丿-3	辶-4	心-1	手-5	言-9
出	必	告	之	返	必	拜	謁
出	必	告	之	返	必	拜	謁
出	必	告	之	返	必	拜	謁

★不復… : 다시 …하지 않는다. (부정의 강조)

★拜謁(배알) : 만나 뵙고 절하다.

물 여 인 투	부 모 우 지
勿與人鬭	**父母憂之**
사람들과 더불어 싸우지 마라.	부모님께서 (그것을) 근심하신다.

勿	與	人	鬭	父	母	憂	之
말 물	더불/줄 여	사람 인	싸움 투	아비 부	어미 모	근심 우	갈 지
勹－2	臼－7	人－0	鬥－10	父－0	毋－1	心－11	丿－3
勿	与	人	鬪	父	母	憂	之

★위에서 與는 '~와 더불어'로 쓰임.

견	선	종	지	지	과	필	개
見	善	從	之	知	過	必	改

착한 일을 보거든 (그것을) 본받아서 따르고, (자신의) 허물을 알면 반드시 고쳐라.

見	善	從	之	知	過	必	改
볼 견	착할 선	좇을 종	갈 지	알 지	지날 과	반드시 필	고칠 개
見－0	口－9	彳－8	丿－3	矢－3	辶－9	心－1	攵－3
見	善	從	之	知	過	必	改

★善(선) : 착하고 올바름. 도덕적 생활의 최고 이상

★위에서 過는 '허물' 의 뜻으로 쓰였음.

언 행 상 위 言行相違 말과 행동이 서로 다르면	욕 급 우 선 辱及于先 그 욕됨이 선조에게 미친다.

言	行	相	違	辱	及	于	先
말씀 언	다닐 행	서로 상	어긋날 위	욕될 욕	미칠 급	어조사 우	먼저 선
言-0	行-0	目-4	辶-9	辰-3	又-2	二-1	儿-4

★言行(언행) : 언어와 행동, 즉 말과 행동 ★于… : …에, …에게. ★위에서 先은 '조상, 선조'를 이름.

아	신	능	선	예	급	부	모
我	身	能	善	譽	及	父	母

나 자신이 능히 착하게 행동하면, 그 명예가 부모님에게 미친다.

我	身	能	善	譽	及	父	母
나 아	몸 신	능할 능	착할 선	기릴/명예 예	미칠 급	아비 부	어미 모
戈－3	身－0	肉－6	口－9	言－14	又－2	父－0	毋－1

★能… : …할 수 있다.

하 즉 량 침 夏則涼枕 여름에는 베개를 서늘하게 해 드리고,				동 즉 온 피 冬則溫被 겨울에는 이불을 따뜻하게 해 드려라.			
夏	則	涼	枕	冬	則	溫	被
여름 하	곧 즉	서늘할 량	베개 침	겨울 동	곧 즉	따뜻할 온	입을 피
夊－7	刀－7	水－8	木－4	冫－3	刀－7	水－10	衣－5
夏	則	涼	枕	冬	則	溫	被
夏	則	涼	枕	冬	則	溫	被
夏	則	涼	枕	冬	則	溫	被

★…則…：…면 그때에는 ….

★枕은 잠자리로, 被는 쓰고 입는 것, 곧 의복으로 풀이하기도 함.

약	득	미	과	귀	헌	부	모
若	得	美	果	歸	獻	父	母

만약 맛있는 과실을 얻게 되거든

집에 가지고 돌아가 부모님께 드려라.

若	得	美	果	歸	獻	父	母
같을 약	얻을 득	아름다울 미	실과 과	돌아갈 귀	드릴 헌	아비 부	어미 모
艹－5	彳－8	羊－3	木－4	止－14	犬－16	父－0	毋－1
若	得	美	果	歸	獻	父	母
若	得	美	果	歸	獻	父	母

★若은 '만일, 만약'의 뜻으로도 쓰임.

★果(과) : 나무에 열린 열매 모양을 본뜬 글자임.

실 당 유 진 **室堂有塵** 집 안에 먼지가 있거든	상 이 추 소 **常以帚掃** 항상 비로 쓸어서 깨끗하게 하라.

室	堂	有	塵	常	以	帚	掃
집 실	집 당	있을 유	티끌 진	떳떳할 상	써 이	비 추	쓸 소
宀-6	土-8	月-2	土-11	巾-8	人-3	巾-5	手-8

★塵(진) : 사슴이 떼 지어 달릴 때 이는 먼지를 나타낸 글자

★常은 '항상 상' 으로도 새긴다.

서	물	건	의	역	물	휘	선
暑	勿	褰	衣	亦	勿	揮	扇

(부모님 앞에서는) 더워도 옷을 걷어 올리지 말며, 또한 함부로 부채질을 하지 마라.

暑	勿	褰	衣	亦	勿	揮	扇
더울 서	말 물	걷을 건	옷 의	또 역	말 물	휘두를 휘	부채 선
日－9	勹－2	衣－10	衣－0	亠－4	勹－2	手－9	戶－6
暑	勿	褰	衣	亦	勿	揮	扇
暑	勿	褰	衣	亦	勿	揮	扇
暑	勿	褰	衣	亦	勿	揮	扇

★暑(서) : '더위, 여름' 을 나타내기도 함.

★揮扇(휘선) : 부채질을 하다.

신 체 발 부	수 지 부 모
身體髮膚	受之父母
몸과 머리털과 피부는	부모님께 (그것을) 물려받은 것이니,

身	體	髮	膚	受	之	父	母
몸 신	몸 체	터럭 발	살갗 부	받을 수	갈 지	아비 부	어미 모
身-0	骨-13	髟-5	肉-11	又-6	丿-3	父-0	毋-1
身	體	髮	膚	受	之	父	母

★身體髮膚(신체발부) : 몸과 머리털과 피부, 곧 몸의 전체를 이름.

★之는 대명사로서 쓰인 어조사

불	감	훼	상	효	지	시	야
不	敢	毁	傷	孝	之	始	也

감히 상하지 않도록 하는 것이야말로 바로 효도의 시작이다.

不	敢	毁	傷	孝	之	始	也
아닐 불	감히/구태여 감	헐 훼	다칠 상	효도 효	갈 지	비로소 시	어조사 야
一－3	攵－8	殳－9	人－11	子－4	丿－3	女－5	乙－2
不	敢	毁	傷	孝	之	始	也
不	敢	毁	傷	孝	之	始	也
不	敢	毁	傷	孝	之	始	也

★毁傷(훼상) : 몸에 상처를 냄.

★之는 관형격 조사로 쓰인 어조사

★…也 : …이다. (단정)

입	신	행	도	양	명	후	세
立	身	行	道	揚	名	後	世

출세하여 바른 도리를 행하면, 그 이름을 후세에 드날리게 된다.

立	身	行	道	揚	名	後	世
설 립	몸 신	다닐 행	길 도	날릴 양	이름 명	뒤 후	인간 세
立-0	身-0	行-0	辶-9	手-9	口-3	彳-6	一-4
立	身	行	道	揚	名	後	世
立	身	行	道	揚	名	後	世
立	身	行	道	揚	名	後	世

★立身(입신) : 세상에서 자신의 기반을 확고하게 세워 출세함.

★揚名(양명) : 이름을 드날림.

이	현	부	모	효	지	종	야
以	顯	父	母	孝	之	終	也

그리하여 부모님의 명예를 드높이는 것이 효도의 끝이다.

以	顯	父	母	孝	之	終	也
써 이	나타날 현	아비 부	어미 모	효도 효	갈 지	마칠 종	어조사 야
人－3	頁－14	父－0	毋－1	子－4	丿－3	糸－5	乙－2

★顯(현) : 밖으로 드러냄을 뜻함.

★위에서 之는 …의, 즉 관형격 조사로 쓰인 어조사

사 친 여 차	가 위 인 자
事親如此	**可謂人子**
부모님 섬기기를 이와 같이 한다면,	가히 인간의 자식이라고 할 만하다.

事	親	如	此	可	謂	人	子
일 사	친할 친	같을 여	이 차	옳을 가	이를 위	사람 인	아들 자
亅-7	見-9	女-3	止-2	口-2	言-9	人-0	子-0
事	親	如	此	可	謂	人	子
事	親	如	此	可	謂	人	子

★위에서 事는 '섬기다' 의 뜻으로 쓰였음.

★可謂(가위) : 거의 옳다고 말할 만하다.

불 능 여 차 不能如此 만약 이와 같이 할 수 없다면,				금 수 무 이 禽獸無異 짐승과 다를 바 없다.			
不	能	如	此	禽	獸	無	異
아닐 불	능할 능	같을 여	이 차	날짐승/새 금	짐승 수	없을 무	다를 이
一 - 3	肉 - 6	女 - 3	止 - 2	内 - 8	犬 - 15	火 - 8	田 - 6
不	能	如	此	禽	獸	無	異
不	能	如	此	禽	獸	無	異

★不能(불능) : 할 수 없음.

★禽獸(금수) : 날짐승과 길짐승, 즉 모든 짐승

사	군	지	도	여	부	일	체
事	君	之	道	與	父	一	體

임금을 섬기는 도리도 부모님을 섬기는 바와 같으니,

事	君	之	道	與	父	一	體
일 사	임금 군	갈 지	길 도	더불/줄 여	아비 부	한 일	몸 체
亅-7	口-4	丿-3	辶-9	臼-7	父-0	一-0	骨-13
事	君	之	道	与	父	一	體

★위에서 道는 道理(도리)를 뜻함.

★一體(일체) : 한결같음. 똑같음.

사 신 이 례	사 군 이 충
使臣以禮	事君以忠
(임금은) 신하를 예로써 다스려야 하고,	(신하는) 임금을 충성으로써 섬겨야 한다.

使	臣	以	禮	事	君	以	忠
하여금/부릴 사	신하 신	써 이	예도 례	일 사	임금 군	써 이	충성 충
人-6	臣-0	人-3	示-13	亅-7	口-4	人-3	心-4
使	臣	以	禮	事	君	以	忠
使	臣	以	禮	事	君	以	忠
使	臣	以	禮	事	君	以	忠

★위에서 使는 '부리다'의 뜻으로 쓰였음.

진	기	위	충	이	실	위	신
盡	己	謂	忠	以	實	謂	信

전력을 다하여 보필함을 충이라 이르고, 성실로 대하는 것을 신이라 이르니,

盡	己	謂	忠	以	實	謂	信
다할 진	몸 기	이를 위	충성 충	써 이	열매 실	이를 위	믿을 신
皿 - 9	己 - 0	言 - 9	心 - 4	人 - 3	宀 - 11	言 - 9	人 - 7

★위에서 己는 '온몸, 전력'의 의미로 쓰였음.

★위에서 實은 '진실 또는 성실'을 뜻함.

인	불	충	신	하	위	인	호
人	不	忠	信	何	謂	人	乎

사람에게 충과 신이 없다면, 어찌 사람이라 이르리오.

人	不	忠	信	何	謂	人	乎
사람 인	아닐 불	충성 충	믿을 신	어찌 하	이를 위	사람 인	어조사 호
人－0	一－3	心－4	人－7	人－5	言－9	人－0	丿－4
人	不	忠	信	何	謂	人	乎
人	不	忠	信	何	謂	人	乎
人	不	忠	信	何	謂	人	乎

★不… : …하지 아니하다, …가 아니다.

★…乎 : …는가, …리오. (의문 · 반어)

수 신 제 가	치 국 지 본
修身齊家	治國之本
자신을 수양하고 집안을 잘 다스리는 것이	바로 나라를 다스리는 근본이다.

修	身	齊	家	治	國	之	本
닦을 수	몸 신	가지런할 제	집 가	다스릴 치	나라 국	갈 지	근본 본
人－8	身－0	齊－0	宀－7	水－5	口－8	丿－3	木－1
修	身	齊	家	治	國	之	本
修	身	齊	家	治	國	之	本

★修身(수신) : 마음과 행실을 바르게 닦아 수양함.

★齊家(제가) : 집안을 바르게 다스림.

사	농	공	상	덕	숭	업	광
士	農	工	商	德	崇	業	廣

선비와 농부, 그리고 장인과 상인은 / 덕을 쌓을수록 사업이 번창할 것이다.

士	農	工	商	德	崇	業	廣
선비 사	농사 농	장인 공	장사 상	큰 덕	높을 숭	업 업	넓을 광
士－0	辰－6	工－0	口－8	彳－12	山－8	木－9	广－12
士	農	工	商	德	崇	業	廣
士	農	工	商	德	崇	業	廣
士	農	工	商	德	崇	業	廣

★士農工商(사농공상) : 봉건 시대의 네 가지 사회 계급

★崇(숭) : 높이다, 쌓아 올리다

부	부	지	도	이	성	지	합
夫	婦	之	道	異	姓	之	合

남편과 아내의 도(이치)는 서로 다른 성(姓)끼리의 결합이다.

夫	婦	之	道	異	姓	之	合
지아비 부	며느리 부	갈 지	길 도	다를 이	성 성	갈 지	합할 합
大－1	女－8	丿－3	辶－9	田－6	女－5	丿－3	口－3
夫	婦	之	道	異	姓	之	合
夫	婦	之	道	異	姓	之	合
夫	婦	之	道	異	姓	之	合

★婦(부) : '아내 부' 로도 새긴다.

★姓(성) : 혈통을 나타냄.

부	도	강	직	부	덕	유	순
夫	道	剛	直	婦	德	柔	順

남편의 도리는 굳세고 곧아야 하고, 아내의 덕행은 부드럽고 온순해야 한다.

夫	道	剛	直	婦	德	柔	順
지아비 부	길 도	굳셀 강	곧을 직	며느리 부	큰 덕	부드러울 유	순할 순
大 - 1	辶 - 9	刀 - 8	目 - 3	女 - 8	彳 - 12	木 - 5	頁 - 3
夫	道	剛	直	婦	德	柔	順
夫	道	剛	直	婦	德	柔	順
夫	道	剛	直	婦	德	柔	順

★剛直(강직) : 기질이 꿋꿋하고 곧음.

★德(덕) : 인격적 능력. 품성

애 지 경 지	부 부 지 례
愛之敬之	**夫婦之禮**
(서로를) 사랑하고 (서로를) 공경하는 것이	부부간의 예의이다.

愛	之	敬	之	夫	婦	之	禮
사랑 애	갈 지	공경 경	갈 지	지아비 부	며느리 부	갈 지	예도 례
心-9	丿-3	攵-9	丿-3	大-1	女-8	丿-3	示-13
愛	之	敬	之	夫	婦	之	禮
愛	之	敬	之	夫	婦	之	禮
愛	之	敬	之	夫	婦	之	禮

★위에서 之는 대명사로서 쓰인 어조사

★위에서 之는 관형격 조사의 역할을 하는 어조사

부 창 부 수	가 도 성 의
夫唱婦隨	**家道成矣**
남편이 주장하고 아내가 이를 따르면,	집안의 질서가 잘 이루어질 것이다.

夫	唱	婦	隨	家	道	成	矣
지아비 부	부를 창	며느리 부	따를 수	집 가	길 도	이룰 성	어조사 의
大－1	口－8	女－8	阜－13	宀－7	辶－9	戈－3	矢－2
夫	唱	婦	隨	家	道	成	矣
夫	唱	婦	隨	家	道	成	矣
夫	唱	婦	隨	家	道	成	矣

★위에서 唱은 '앞에서 이끌다'의 뜻으로 쓰였음.

★…矣 : …이다. (단정 · 결정)

빈 궁 환 난 **貧窮患難** 빈궁과 환난에 처했을 때에는	친 척 상 구 **親戚相救** 친척끼리 서로 구해 주고,

貧	窮	患	難	親	戚	相	救
가난할 빈	다할/궁할 궁	근심 환	어려울 난	친할 친	친척/겨레 척	서로 상	구원할 구
貝－4	穴－10	心－7	隹－11	見－9	戈－7	目－4	攵－7

★患難(환난) : 근심과 재난

★救(구) : (위험 · 고통 · 가난 등에 처한 사람을) 도와 그곳에서 벗어나게 함.

혼 인 상 사	인 보 상 조
婚姻喪死	**隣保相助**
혼인이 있거나 초상이 났을 때에는	이웃끼리 서로 도와주어야 한다.

婚	姻	喪	死	隣	保	相	助
혼인할 혼	혼인 인	잃을 상	죽을 사	이웃 린	지킬 보	서로 상	도울 조
女－8	女－6	口－9	歹－2	阜－12	人－7	目－4	力－5
婚	姻	喪	死	隣	保	相	助
婚	姻	喪	死	隣	保	相	助
婚	姻	喪	死	隣	保	相	助

★喪(상)은 죽음을 애도하고 복을 입음을 뜻함.

★隣保(인보) : 가까운 이웃이나 이웃 사람

형	제	자	매	우	애	이	이
兄	弟	姊	妹	友	愛	而	已

형제 자매, 즉 동기간끼리는 서로 우애해야 한다.

兄	弟	姊	妹	友	愛	而	已
형 형	아우 제	손위누이 자	누이 매	벗 우	사랑 애	말 이을 이	이미 이
儿-3	弓-4	女-5	女-5	又-2	心-9	而-0	己-0
兄	弟	姊	妹	友	愛	而	已
兄	弟	姊	妹	友	愛	而	已
兄	弟	姊	妹	友	愛	而	已

★友愛(우애) : 형제간에 서로 사랑하고 위함.

★…而已 : …따름이다. (강조)

골	육	수	분	본	생	일	기
骨	肉	雖	分	本	生	一	氣

비록 (동기간의) 뼈와 살은 나뉘어 있지만, 원래는 같은 기운에서 생겨났으며,

骨	肉	雖	分	本	生	一	氣
뼈 골	고기 육	비록 수	나눌 분	근본 본	날 생	한 일	기운 기
骨-0	肉-0	隹-9	刀-2	木-1	生-0	一-0	气-6

★骨肉(골육) : 뼈와 살, 즉 몸을 뜻함.

★氣(기) : 만물이 생성되는 근원

형 체 수 각	소 수 일 혈
形體雖各	**素受一血**
비록 형체는 각각이나,	본디는 한 핏줄을 이어받은 것이다.

形	體	雖	各	素	受	一	血
모양 형	몸 체	비록 수	각각 각	본디 소	받을 수	한 일	피 혈
彡 - 4	骨 - 13	隹 - 9	口 - 3	糸 - 4	又 - 6	一 - 0	血 - 0
形	體	雖	各	素	受	一	血
形	體	雖	各	素	受	一	血
形	體	雖	各	素	受	一	血

★形體(형체) : 물건의 생김새. 또는 그 바탕이 되는 몸

비	지	어	목	동	근	이	지
比	之	於	木	同	根	異	枝

이를 나무에 비유하면, 한 뿌리에서 벋은 각각 다른 가지들이고,

比	之	於	木	同	根	異	枝
견줄 비	갈 지	어조사 어	나무 목	한가지 동	뿌리 근	다를 이	가지 지
比－0	丿－3	方－4	木－0	口－3	木－6	田－6	木－4
比	之	於	木	同	根	異	枝
比	之	於	木	同	根	異	枝
比	之	於	木	同	根	異	枝

★위에서 之는 대명사로서 쓰인 어조사

★於… : …에, …에게 (장소 · 위치)

비 지 어 수	동 원 이 류
比之於水	**同源異流**
이를 물에 비유하면,	같은 물줄기에서 갈라진 각기 다른 흐름이다.

比	之	於	水	同	源	異	流
견줄 비	갈 지	어조사 어	물 수	한가지 동	근원 원	다를 이	흐를 류
比－0	丿－3	方－4	水－0	口－3	水－10	田－6	水－7
比	之	於	水	同	源	異	流
比	之	於	水	同	源	異	流
比	之	於	水	同	源	異	流

★源(원) : 샘이 흐르는 근원

형	우	제	공	불	감	노	원
兄	友	弟	恭	不	敢	怒	怨

형은 아우를 사랑하고 아우는 형을 공경하며, 감히 서로 성내거나 원망하여서는 안 된다.

兄	友	弟	恭	不	敢	怒	怨
형 형	벗 우	아우 제	공손할 공	아닐 불	감히/구태여 감	성낼 노	원망할 원
儿－3	又－2	弓－4	心－6	一－3	攵－8	心－5	心－5

★위에서 友는 '우애'를 뜻함.

★不敢… : 감히 …하지 못한다.

사 기 의 식	이 적 지 도
私其衣食	**夷狄之徒**
(형제간에) 그 의복과 음식을 사사로이 하는 것은	오랑캐의 무리나 하는 짓이다.

私	其	衣	食	夷	狄	之	徒
사사 사	그 기	옷 의	밥/먹을 식	오랑캐 이	오랑캐 적	갈 지	무리 도
禾-2	八-6	衣-0	食-0	大-3	犭-4	丿-3	彳-7

★私(사) : 사사로이 하다, 자기 소유로 삼다.

★夷狄(이적) : 오랑캐

형 유 과 실 兄有過失 혹 형에게 과실이 있을지라도				화 기 이 간 和氣以諫 (아우는) 온화한 기색으로 이를 간하고,			
兄	有	過	失	和	氣	以	諫
형 형	있을 유	지날 과	잃을 실	화할 화	기운 기	써 이	간할 간
儿-3	月-2	辶-9	大-2	口-5	气-6	人-3	言-9
兄	有	過	失	和	氣	以	諫
兄	有	過	失	和	氣	以	諫
兄	有	過	失	和	氣	以	諫

★過失(과실) : 잘못이나 허물

★諫(간) : 옳지 못하거나 잘못된 일을 고치도록 말함.

제 유 과 오 **弟有過誤** 혹 아우에게 과오가 있더라도				이 성 이 훈 **怡聲以訓** (형은) 온화한 목소리로 이를 훈계해야 한다.			
弟	有	過	誤	怡	聲	以	訓
아우 제	있을 유	지날 과	그르칠 오	기쁠 이	소리 성	써 이	가르칠 훈
弓－4	月－2	辶－9	言－7	心－5	耳－11	人－3	言－3

★過誤(과오) : 잘못이나 허물

★怡聲(이성) : 부드럽고 다정한 목소리

형	제	유	질	민	이	사	구
兄	弟	有	疾	憫	而	思	救

형이나 동생에게 질병이 있을 때에는 이를 가엾게 여겨 구하고자 애써야 한다.

兄	弟	有	疾	憫	而	思	救
형 형	아우 제	있을 유	병 질	민망할 민	말 이을 이	생각 사	구원할 구
儿-3	弓-4	月-2	疒-5	心-12	而-0	心-5	攵-7
兄	弟	有	疾	憫	而	思	救
兄	弟	有	疾	憫	而	思	救
兄	弟	有	疾	憫	而	思	救

★憫은 위에서 '불쌍히 여기다'의 뜻으로 쓰였음.

형	제	유	악	은	이	물	시
兄	弟	有	惡	隱	而	勿	視

형이나 동생에게 악(잘못)이 있을 때에는 (속으로) 근심하면서 보고 있지 마라.

兄	弟	有	惡	隱	而	勿	視
형 형	아우 제	있을 유	악할 악	숨을 은	말 이을 이	말 물	볼 시
儿－3	弓－4	月－2	心－8	阜－14	而－0	勹－2	見－5
兄	弟	有	惡	隱	而	勿	視
兄	弟	有	惡	隱	而	勿	視
兄	弟	有	惡	隱	而	勿	視

★惡(악) : 인간의 도덕적 기준에 어긋나 나쁨. 또는 그런 것.

★隱은 '근심하다, 숨기다'의 뜻도 있음.

솔 率	선 先	수 垂	범 範	형 兄	제 弟	역 亦	효 效
스스로 앞장서서 모범을 보이면,				형이나 동생 또한 본받을 것이다.			
率	先	垂	範	兄	弟	亦	效
거느릴 솔	먼저 선	드리울 수	법 범	형 형	아우 제	또 역	본받을 효
玄 - 6	儿 - 4	土 - 5	竹 - 9	儿 - 3	弓 - 4	亠 - 4	攵 - 6
率	先	垂	範	兄	弟	亦	效
率	先	垂	範	兄	弟	亦	效

★垂範(수범) : 모범을 보임.

★…亦 : …도 또한

아	유	우	환	형	제	역	우
我	有	憂	患	兄	弟	亦	憂

나에게 근심과 걱정이 있으면, 형제 또한 걱정할 것이고,

我	有	憂	患	兄	弟	亦	憂
나 아	있을 유	근심 우	근심 환	형 형	아우 제	또 역	근심 우
戈－3	月－2	心－11	心－7	儿－3	弓－4	亠－4	心－11
我	有	憂	患	兄	弟	亦	憂
我	有	憂	患	兄	弟	亦	憂
我	有	憂	患	兄	弟	亦	憂

아	유	환	락	자	매	역	락
我	有	歡	樂	姉	妹	亦	樂

나에게 기쁜 일과 즐거운 일이 있으면, 자매 또한 같이 즐거워할 것이니,

我	有	歡	樂	姉	妹	亦	樂
나 아	있을 유	기쁠 환	즐길 락	손위누이 자	누이 매	또 역	즐길 락
戈 - 3	月 - 2	欠 - 18	木 - 11	女 - 5	女 - 5	亠 - 4	木 - 11
我	有	歡	樂	姉	妹	亦	樂
我	有	歡	樂	姉	妹	亦	樂
我	有	歡	樂	姉	妹	亦	樂

★歡樂(환락) : 기뻐하고 즐거워함.

수 유 타 친 雖有他親 비록 달리 친한 사람이 있다 하더라도,	기 능 여 차 豈能如此 어찌 이와 같을 수 있으리오.

雖	有	他	親	豈	能	如	此
비록 수	있을 유	다를 타	친할 친	어찌 기	능할 능	같을 여	이 차
隹-9	月-2	人-3	見-9	豆-3	肉-6	女-3	止-2
雖	有	他	親	豈	能	如	此

★豈能… : 어찌 …할 수 있겠는가. (할 수 없다)

아	사	인	친	인	사	아	친
我	事	人	親	人	事	我	親

내가 남의 부모를 섬기면, 남도 나의 부모를 섬길 것이다.

我	事	人	親	人	事	我	親
나 아	일 사	사람 인	친할 친	사람 인	일 사	나 아	친할 친
戈 - 3	亅 - 7	人 - 0	見 - 9	人 - 0	亅 - 7	戈 - 3	見 - 9
我	事	人	親	人	事	我	親
我	事	人	親	人	事	我	親
我	事	人	親	人	事	我	親

★위에서 事는 '섬기다' 의 뜻으로 쓰였음.

장 자 자 유 長者慈幼 어른은 어린아이를 사랑하고,	유 자 경 장 幼者敬長 어린아이는 어른을 공경해야 한다.

長	者	慈	幼	幼	者	敬	長
긴 장	놈 자	사랑 자	어릴 유	어릴 유	놈 자	공경 경	긴 장
長－0	老－5	心－9	幺－2	幺－2	老－5	攵－9	長－0

★長者(장자) : 어른, 윗사람

★幼者(유자) : 어린아이

장	자	사	과	핵	자	재	수
長	者	賜	果	核	子	在	手

어른이 과실을 주시면 / 씨를 손에 가지고 있어야 한다.

長	者	賜	果	核	子	在	手
긴 장	놈 자	줄 사	실과 과	씨 핵	아들 자	있을 재	손 수
長－0	老－5	貝－8	木－4	木－6	子－0	土－3	手－0
長	者	賜	果	核	子	在	手
長	者	賜	果	核	子	在	手

★核子(핵자) : 알맹이, 즉 씨.

★과실을 먹고 나서 씨를 함부로 버리지 말라는 말.

인 지 처 세	불 가 무 우
人之處世	不可無友
사람이 세상을 살아감에는	벗이 없을 수 없다.

人	之	處	世	不	可	無	友
사람 인	갈 지	곳 처	인간 세	아닐 불	옳을 가	없을 무	벗 우
人－0	丿－3	虍－5	一－4	一－3	口－2	火－8	又－2

★處世(처세) : 세상에서 살아감.

★不可… : …할 수는 없다.

택 우 교 지	유 소 보 익
擇友交之	**有所補益**
벗을 가려서 사귀면	도움이 되는 바가 있다.

擇	友	交	之	有	所	補	益
가릴 택	벗 우	사귈 교	갈 지	있을 유	바 소	기울 보	더할 익
手－13	又－2	亠－4	丿－3	月－2	戶－4	衣－7	皿－5
擇	友	交	之	有	所	補	益
擇	友	交	之	有	所	補	益
擇	友	交	之	有	所	補	益

★…之 : 그것. 여기서는 벗을 가리키는 어조사

★補益(보익) : 보태고 늘려 도움이 되게 함.

우	기	덕	야	불	가	유	협
友	其	德	也	不	可	有	挾

그 덕을 벗함에 / (다른 무엇이) 개입되어서는 안 된다.

友	其	德	也	不	可	有	挾
벗 우	그 기	큰 덕	어조사 야	아닐 불	옳을 가	있을 유	낄 협
又-2	八-6	彳-12	乙-2	一-3	口-2	月-2	手-7
友	其	德	也	不	可	有	挾
友	其	德	也	不	可	有	挾
友	其	德	也	不	可	有	挾

★벗을 사귄다 함은 그 덕을 벗함이다. 벗을 사귀는 데 (나이나 신분 등을) 따져서는 안 됨을 이름.

우 기 정 인 友其正人 벗이 바른 사람이면	아 역 자 정 我亦自正 나 또한 저절로 바른 사람이 될 것이며,

友	其	正	人	我	亦	自	正
벗 우	그 기	바를 정	사람 인	나 아	또 역	스스로 자	바를 정
又－2	八－6	止－1	人－0	戈－3	亠－4	自－0	止－1
友	其	正	人	我	亦	自	正
友	其	正	人	我	亦	自	正
友	其	正	人	我	亦	自	正

종	유	사	인	여	역	자	사
從	遊	邪	人	予	亦	自	邪

바르지 않은 사람과 어울려 놀면, 나 또한 저절로 바르지 않은 사람이 된다.

從	遊	邪	人	予	亦	自	邪
좇을 종	놀 유	간사할 사	사람 인	나/줄 여	또 역	스스로 자	간사할 사
彳-8	辶-9	邑-4	人-0	亅-3	亠-4	自-0	邑-4

★從遊(종유) : (어떤 사람을) 좇아 더불어 놂.

★위에서 予는 我와 같은 뜻으로 쓰였음.

근	묵	자	흑	근	주	자	적
近	墨	者	黑	近	朱	者	赤

먹을 가까이하는 사람은 검어지고, 붉은 것을 가까이하는 사람은 붉어지며,

近	墨	者	黑	近	朱	者	赤
가까울 근	먹 묵	놈 자	검을 흑	가까울 근	붉을 주	놈 자	붉을 적
辶－4	土－12	老－5	黑－0	辶－4	木－2	老－5	赤－0
近	墨	者	黑	近	朱	者	赤
近	墨	者	黑	近	朱	者	赤
近	墨	者	黑	近	朱	者	赤

★바르지 않은 사람을 가까이하면 악(惡)에 물들게 된다는 말.

★朱는 진홍색의 광석, 주사(朱砂)를 이름.

봉	생	마	중	불	부	자	직
蓬	生	麻	中	不	扶	自	直

쑥이 삼밭에 나면 / 도와주지 않아도 저절로 곧아지고,

蓬	生	麻	中	不	扶	自	直
쑥 봉	날 생	삼 마	가운데 중	아닐 불	도울 부	스스로 자	곧을 직
艹-11	生-0	麻-0	丨-3	一-3	手-4	自-0	目-3
蓬	生	麻	中	不	扶	自	直
蓬	生	麻	中	不	扶	自	直
蓬	生	麻	中	不	扶	自	直

★麻(마) : 삼베의 원료로 쓰이는 삼을 이름.

★위에서 扶는 '받치다, 붙들어 매다' 의 뜻으로 쓰였음.

백	사	재	니	불	염	자	루
白	沙	在	泥	不	染	自	陋

흰 모래가 진흙에 섞여 있으면 물들이지 않아도 저절로 더러워진다.

白	沙	在	泥	不	染	自	陋
흰 백	모래 사	있을 재	진흙 니	아닐 불	물들 염	스스로 자	더러울 루
白－0	水－4	土－3	水－5	一－3	木－5	自－0	阜－6
白	沙	在	泥	不	染	自	陋
白	沙	在	泥	不	染	自	陋
白	沙	在	泥	不	染	自	陋

거	필	택	린	취	필	유	덕
居	必	擇	隣	就	必	有	德

居必擇隣 거처를 정할 때 반드시 이웃을 가리면

就必有德 일을 이루는 데 반드시 덕이 있다.

居	必	擇	隣	就	必	有	德
살 거	반드시 필	가릴 택	이웃 린	나아갈 취	반드시 필	있을 유	큰 덕
尸-5	心-1	手-13	阜-12	尢-9	心-1	月-2	彳-12
居	必	擇	隣	就	必	有	德
居	必	擇	隣	就	必	有	德
居	必	擇	隣	就	必	有	德

★위에서 居는 머물러 사는 집을 이름.

★就(취) : 이루다, 일자리 또는 벼슬자리에 나가다

애 경 상 문	미 풍 양 속
哀慶相問	美風良俗
애경사에 서로 찾아보는 것은	아름답고 좋은 풍속이다.

哀	慶	相	問	美	風	良	俗
슬플 애	경사 경	서로 상	물을 문	아름다울 미	바람 풍	어질 량	풍속 속
口－6	心－11	目－4	口－8	羊－3	風－0	艮－1	人－7

★哀慶(애경) : 슬픈 일과 경사스러운 일

★위에서 風은 '관습'의 뜻으로 쓰였음.

불	책	아	신	첨	유	지	인
不	責	我	身	諂	諛	之	人

나 자신을 꾸짖어 주지 않는 사람은 / 아첨하는 사람이며,

不	責	我	身	諂	諛	之	人
아닐 불	꾸짖을 책	나 아	몸 신	아첨할 첨	아첨할 유	갈 지	사람 인
一 - 3	貝 - 4	戈 - 3	身 - 0	言 - 8	言 - 9	丿 - 3	人 - 0

★諂諛(첨유) : 알랑거리며 아첨함.

면	책	아	과	강	직	지	인
面	責	我	過	剛	直	之	人

나의 허물을 면전에서 꾸짖는 사람은 굳고 곧은 사람이다.

面	責	我	過	剛	直	之	人
낯 면	꾸짖을 책	나 아	지날 과	굳셀 강	곧을 직	갈 지	사람 인
面－0	貝－4	戈－3	辶－9	刀－8	目－3	丿－3	人－0

面	責	我	過	剛	直	之	人
面	責	我	過	剛	直	之	人
面	責	我	過	剛	直	之	人

★面責(면책) : 마주 대하여 책망함.

★剛直(강직) : 기질이 꿋꿋하고 곧음.

붕	우	책	선	이	우	보	인
朋	友	責	善	以	友	補	仁

벗에게 선을 행하도록 권한다면 / 벗에게 어짊을 보태 주는 길이다.

朋	友	責	善	以	友	補	仁
벗 붕	벗 우	꾸짖을 책	착할 선	써 이	벗 우	기울 보	어질 인
月 - 4	又 - 2	貝 - 4	口 - 9	人 - 3	又 - 2	衣 - 7	人 - 2
朋	友	責	善	以	友	補	仁
朋	友	責	善	以	友	補	仁
朋	友	責	善	以	友	補	仁

★朋友(붕우) : 마음이 서로 통하여 친하게 사귀는 사람

★위에서 補는 '더하다, 보태다' 의 뜻으로 쓰임.

염	인	책	자	기	행	무	진
厭	人	責	者	其	行	無	進

남의 꾸짖음을 싫어하는 사람은 그 행실에 나아감이 없을 것이다.

厭	人	責	者	其	行	無	進
싫어할 염	사람 인	꾸짖을 책	놈 자	그 기	다닐 행	없을 무	나아갈 진
厂－12	人－0	貝－4	老－5	八－6	行－0	火－8	辶－8
厭	人	責	者	其	行	無	進
厭	人	責	者	其	行	無	進

★위에서 進은 '진전'을 뜻함.

인 무 책 우 人無責友 꾸짖어 주는 벗이 없는 사람은	이 함 불 의 易陷不義 불의에 빠지기 쉽다.

人	無	責	友	易	陷	不	義
사람 인	없을 무	꾸짖을 책	벗 우	쉬울 이	빠질 함	아닐 불	옳을 의
人－0	火－8	貝－4	又－2	日－4	阜－8	一－3	羊－7
人	無	責	友	易	陷	不	義
人	無	責	友	易	陷	不	義
人	無	責	友	易	陷	不	義

★易은 '바꿀 역'으로도 새긴다. 貿易(무역)

★不義(불의) : 의리 · 정의에 어긋남.

다 우 지 인 多友之人 벗이 많은 사람은	당 사 무 오 當事無誤 마땅히 일을 그르침이 없을 것이다.

多	友	之	人	當	事	無	誤
많을 다	벗 우	갈 지	사람 인	마땅 당	일 사	없을 무	그르칠 오
夕 - 3	又 - 2	丿 - 3	人 - 0	田 - 8	亅 - 7	火 - 8	言 - 7
多	友	之	人	當	事	無	誤
多	友	之	人	當	事	無	誤
多	友	之	人	當	事	無	誤

지 심 이 교	물 여 면 교
知心而交	**勿與面交**
(서로 상대의) 마음을 알고 사귀고,	더불어 겉으로 사귀지는 마라.

知	心	而	交	勿	與	面	交
알 지	마음 심	말 이을 이	사귈 교	말 물	더불/줄 여	낯 면	사귈 교
矢 - 3	心 - 0	而 - 0	亠 - 4	勹 - 2	臼 - 7	面 - 0	亠 - 4

★…而… : …한 후에 ….

★面交(면교) : 겉으로 사귐.

피 불 대 로	반 유 아 해
彼不大怒	反有我害
(나에게) 크게 화내지 않는 그 사람은	오히려 나에게 해를 주게 되며,

彼	不	大	怒	反	有	我	害
저 피	아닐 불	큰 대	성낼 노	돌이킬 반	있을 유	나 아	해할 해
彳-5	一-3	大-0	心-5	又-2	月-2	戈-3	宀-7
彼	不	大	怒	反	有	我	害
彼	不	大	怒	反	有	我	害
彼	不	大	怒	反	有	我	害

★怒가 받침 없는 글자 뒤에 올 때는 '로'.

★위에서 反은 '도리어, 거꾸로'의 뜻으로 쓰였음.

아	익	아	해	유	재	아	의
我	**益**	**我**	**害**	**惟**	**在**	**我**	**矣**

나에게 이익이 되거나 해가 되는 것은 오직 내가 하기 나름이다.

我	益	我	害	惟	在	我	矣
나 아	더할 익	나 아	해할 해	생각할 유	있을 재	나 아	어조사 의
戈－3	皿－5	戈－3	宀－7	心－8	土－3	戈－3	矢－2

★惟… : 오직. 唯(오직 유)와 쓰임이 같음.

내	소	외	친	시	위	불	신
內	疎	外	親	是	謂	不	信

속으로는 멀면서 겉으로는 친하다면 이를 불신이라 이른다.

內	疎	外	親	是	謂	不	信
안 내	성길 소	바깥 외	친할 친	이/옳을 시	이를 위	아닐 불	믿을 신
入－2	疋－7	夕－2	見－9	日－5	言－9	一－3	人－7

★위에서 疎는 '친하지 않다, 멀다' 의 뜻으로 쓰였음.

★不信(불신) : 믿지 아니함.

행	불	여	언	역	왈	불	신
行	不	如	言	亦	曰	不	信

행동이 말과 같지 않다면, 이 또한 불신이라고 말할 수 있다.

行	不	如	言	亦	曰	不	信
다닐 행	아닐 불	같을 여	말씀 언	또 역	가로 왈	아닐 불	믿을 신
行－0	一－3	女－3	言－0	亠－4	曰－0	一－3	人－7

★不如… : …와 같지 않다.

★위에서 曰은 '…라 하다'의 뜻으로 쓰임.

욕 위 군 자 欲爲君子 군자가 되고자 한다면,	하 불 행 차 何不行此 어찌 이같이 행하지 않을 수 있으리오.

欲	爲	君	子	何	不	行	此
하고자 할 욕	할 위	임금 군	아들 자	어찌 하	아닐 불	다닐 행	이 차
欠－7	爪－8	口－4	子－0	人－5	一－3	行－0	止－2
欲	爲	君	子	何	不	行	此
欲	爲	君	子	何	不	行	此
欲	爲	君	子	何	不	行	此

★君子(군자) : 학식이 높고 행실이 바른 사람

공 맹 지 도 孔孟之道 공자 • 맹자의 도(道:가르침)와				정 주 지 학 程朱之學 정자 • 주자의 학문은			
孔	孟	之	道	程	朱	之	學
구멍 공	맏 맹	갈 지	길 도	한도/길 정	붉을 주	갈 지	배울 학
子－1	子－5	丿－3	辶－9	禾－7	木－2	丿－3	子－13
孔	孟	之	道	程	朱	之	學
孔	孟	之	道	程	朱	之	學

★程朱之學(정주지학) : 정호, 정이 형제와 주자가 주장한 학문. 곧 성리학을 이름.

정	기	의	이	불	모	기	리
正	其	誼	而	不	謀	其	利

그 인의(仁義)를 바르게 하면서도 그 이(利)만을 꾀하지 아니하고,

正	其	誼	而	不	謀	其	利
바를 정	그 기	옳을 의	말 이을 이	아닐 불	꾀 모	그 기	이할 리
止 - 1	八 - 6	言 - 8	而 - 0	一 - 3	言 - 9	八 - 6	刀 - 5

★誼는 義(옳을 의)와 같은 뜻임.

★위에서 利는 '이익, 이로움' 을 뜻함.

명	기	도	이	불	계	기	공
明	其	道	而	不	計	其	功

明其道而 不計其功

그 도리(道理)를 밝히면서도 / 그 공은 따지지 않는다.

明	其	道	而	不	計	其	功
밝을 명	그 기	길 도	말 이을 이	아닐 불	셀 계	그 기	공 공
日－4	八－6	辶－9	而－0	一－3	言－2	八－6	力－3
明	其	道	而	不	計	其	功
明	其	道	而	不	計	其	功
明	其	道	而	不	計	其	功

★위에서 而는 '…이지만' 의 뜻으로 쓰인 어조사. (역접)

포 식 난 의	일 거 무 교
飽食暖衣	**逸居無敎**
배불리 먹고 따뜻한 옷을 입으며	안일하게 지내면서 가르침이 없다면,

飽	食	暖	衣	逸	居	無	敎
배부를 포	밥/먹을 식	따뜻할 난	옷 의	편안할 일	살 거	없을 무	가르칠 교
食-5	食-0	日-9	衣-0	辶-8	尸-5	火-8	攵-7
飽	食	暖	衣	逸	居	無	敎
飽	食	暖	衣	逸	居	無	敎
飽	食	暖	衣	逸	居	無	敎

★逸居(일거) : 별로 하는 일 없이 한가로이 지냄.

즉 卽	근 近	금 禽	수 獸	성 聖	인 人	우 憂	지 之
이는 곧 짐승에 가까운 것이니,				성인은 이를 우려한다.			
卽	近	禽	獸	聖	人	憂	之
곧 즉	가까울 근	날짐승/새 금	짐승 수	성인 성	사람 인	근심 우	갈 지
卩－7	辶－4	内－8	犬－15	耳－7	人－0	心－11	丿－3
卽	近	禽	獸	聖	人	憂	之
卽	近	禽	獸	聖	人	憂	之
卽	近	禽	獸	聖	人	憂	之

★聖人(성인) : 덕과 지혜가 뛰어나 길이 우러러 받들고 모든 사람의 스승이 될 만한 사람

작	사	모	시	출	언	고	행
作	事	謀	始	出	言	顧	行

일을 할 때에는 먼저 계획을 세우고, 말을 하려거든 먼저 행실을 돌아보라.

作	事	謀	始	出	言	顧	行
지을 작	일 사	꾀 모	비로소 시	날 출	말씀 언	돌아볼 고	다닐 행
人－5	亅－7	言－9	女－5	凵－3	言－0	頁－12	行－0
作	事	謀	始	出	言	顧	行
作	事	謀	始	出	言	顧	行
作	事	謀	始	出	言	顧	行

★作事謀始(작사모시) : 일을 할 때 처음에는 계획을 세움.

상 덕 고 지 常德固持 항상 덕을 굳게 지니고,				연 낙 중 응 然諾重應 허락은 신중히 하라.			
常	德	固	持	然	諾	重	應
떳떳할 상	큰 덕	굳을 고	가질 지	그럴 연	허락할 낙	무거울 중	응할 응
巾－8	彳－12	口－5	手－6	火－8	言－9	里－2	心－13
常	德	固	持	然	諾	重	應

★常은 '항상 상' 으로도 새긴다.

★然諾(연낙) : 쾌히 허락함.

지	필	묵	연	문	방	사	우
紙	筆	墨	硯	文	房	四	友

종이와 붓과 먹과 벼루는 글공부하는 방의 네 벗이다.

紙	筆	墨	硯	文	房	四	友
종이 지	붓 필	먹 묵	벼루 연	글월 문	방 방	넉 사	벗 우
糸 - 4	竹 - 6	土 - 12	石 - 7	文 - 0	戶 - 4	口 - 2	又 - 2
紙	筆	墨	硯	文	房	四	友
紙	筆	墨	硯	文	房	四	友

★文房四友는 文房四寶(문방사보)라고도 함.

주 경 야 독	진 사 대 명
晝耕夜讀	盡事待命
낮에는 밭을 갈고 밤에는 글을 읽어	할 일을 다하고 천명(天命)을 기다려라.

晝	耕	夜	讀	盡	事	待	命
낮 주	밭갈 경	밤 야	읽을 독	다할 진	일 사	기다릴 대	목숨 명
日－7	耒－4	夕－5	言－15	皿－9	亅－7	彳－6	口－5
晝	耕	夜	讀	盡	事	待	命
晝	耕	夜	讀	盡	事	待	命
晝	耕	夜	讀	盡	事	待	命

★盡事待命은 盡人事待天命(진인사대천명)의 줄임말.

원 형 이 정 元亨利貞 원, 형, 이, 정은	천 도 지 상 天道之常 하늘의 변하지 않는 도리이며,

元	亨	利	貞	天	道	之	常
으뜸 원	형통할 형	이할 리	곧을 정	하늘 천	길 도	갈 지	떳떳할 상
儿－2	亠－5	刀－5	貝－2	大－1	辶－9	丿－3	巾－8
元	亨	利	貞	天	道	之	常
元	亨	利	貞	天	道	之	常
元	亨	利	貞	天	道	之	常
元	亨	利	貞	天	道	之	常

★元亨利貞은 주역의 진괘에 나오는 네 가지 덕. 봄, 여름, 가을, 겨울을 뜻함.

★常은 '불변의 도'를 이름.

인 의 예 지 仁義禮智 인, 의, 예, 지는				인 성 지 강 人性之綱 인간 성품(性品)의 근본이다.			
仁	義	禮	智	人	性	之	綱
어질 인	옳을 의	예도 례	지혜/슬기 지	사람 인	성품 성	갈 지	벼리 강
人－2	羊－7	示－13	日－8	人－0	心－5	丿－3	糸－8
仁	義	禮	智	人	性	之	綱

★仁義禮智 : 어짊, 의로움, 예의 바름, 지혜로움.

★綱(강) : 일이나 글의 뼈대가 되는 줄거리, 즉 근본.

예	의	염	치	시	위	사	유
禮	義	廉	恥	是	謂	四	維

예, 의, 염, 치는 / 이를 사유(四維)라 이른다.

禮	義	廉	恥	是	謂	四	維
예도 례	옳을 의	청렴할 렴	부끄러울 치	이/옳을 시	이를 위	넉 사	벼리 유
示－13	羊－7	广－10	心－6	日－5	言－9	口－2	糸－8

★예의, 의로움, 청렴함, 부끄러움

★四維(사유) : 나라를 유지하는 데 지켜야 할 네 가지 원칙

적 덕 지 가 **積德之家** 덕을 쌓은 집안에는	필 유 여 경 **必有餘慶** 반드시 자손에게 경사가 있고,

積	德	之	家	必	有	餘	慶
쌓을 적	큰 덕	갈 지	집 가	반드시 필	있을 유	남을 여	경사 경
禾－11	彳－12	丿－3	宀－7	心－1	月－2	食－7	心－11
積	德	之	家	必	有	餘	慶
積	德	之	家	必	有	餘	慶
積	德	之	家	必	有	餘	慶

★餘慶(여경) : 조상이 선(善)을 쌓아 자손이 받는 경사

적 악 지 가	필 유 여 앙
積惡之家	**必有餘殃**
악을 쌓은 집안에는	반드시 자손에게 재앙이 미친다.

積	惡	之	家	必	有	餘	殃
쌓을 적	악할 악	갈 지	집 가	반드시 필	있을 유	남을 여	재앙 앙
禾－11	心－8	丿－3	宀－7	心－1	月－2	食－7	歹－5
積	惡	之	家	必	有	餘	殃
積	惡	之	家	必	有	餘	殃
積	惡	之	家	必	有	餘	殃

★餘殃(여앙) : 조상이 惡(악)을 쌓아 자손이 받는 재앙

군	위	신	강	부	위	자	강
君	爲	臣	綱	父	爲	子	綱

신하는 임금을 섬김이 근본이고 자식은 아버지를 섬김이 근본이며,

君	爲	臣	綱	父	爲	子	綱
임금 군	할 위	신하 신	벼리 강	아비 부	할 위	아들 자	벼리 강
口-4	爪-8	臣-0	糸-8	父-0	爪-8	子-0	糸-8
君	爲	臣	綱	父	爲	子	綱
君	爲	臣	綱	父	爲	子	綱

부	위	부	강	시	위	삼	강
夫	爲	婦	綱	是	謂	三	綱

아내는 남편을 섬김이 근본이니, 이를 삼강(三綱)이라 이른다.

夫	爲	婦	綱	是	謂	三	綱
지아비 부	할 위	며느리 부	벼리 강	이/옳을 시	이를 위	석 삼	벼리 강
大－1	爪－8	女－8	糸－8	日－5	言－9	一－2	糸－8

★三綱(삼강) : 유교 도덕의 기본이 되는 세 큰 줄거리

부 자 유 친 父子有親 아버지와 아들 사이에는 친함이 있어야 하고,	군 신 유 의 君臣有義 임금과 신하 사이에는 의가 있어야 하며,

父	子	有	親	君	臣	有	義
아비 부	아들 자	있을 유	친할 친	임금 군	신하 신	있을 유	옳을 의
父－0	子－0	月－2	見－9	口－4	臣－0	月－2	羊－7
父	子	有	親	君	臣	有	義
父	子	有	親	君	臣	有	義
父	子	有	親	君	臣	有	義

★위에서 義는 '군신간의 도덕'을 이름.

부 부 유 별 夫婦有別 남편과 아내 사이에는 분별이 있어야 하고,	장 유 유 서 長幼有序 어른과 어린이 사이에는 차례가 있어야 하며,

夫	婦	有	別	長	幼	有	序
지아비 부	며느리 부	있을 유	다를/나눌 별	긴 장	어릴 유	있을 유	차례 서
大－1	女－8	月－2	刀－5	長－0	幺－2	月－2	广－4
夫	婦	有	別	長	幼	有	序
夫	婦	有	別	長	幼	有	序
夫	婦	有	別	長	幼	有	序

★위에서 別은 '인륜의 구별'을 이름.

★長은 '어른 장'으로도 새긴다.

붕 우 유 신	시 위 오 륜
朋友有信	**是謂五倫**
벗 사이에는 신의가 있어야 하니,	이를 오륜이라 이른다.

朋	友	有	信	是	謂	五	倫
벗 붕	벗 우	있을 유	믿을 신	이/옳을 시	이를 위	다섯 오	인륜 륜
月－4	又－2	月－2	人－7	日－5	言－9	二－2	人－8
朋	友	有	信	是	謂	五	倫
朋	友	有	信	是	謂	五	倫
朋	友	有	信	是	謂	五	倫

★五倫(오륜) : 사람으로서 지켜야 할 다섯 가지의 도리

시 사 필 명	청 사 필 총
視思必明	聽思必聰
볼 때에는 반드시 밝게 볼 생각을 하고,	들을 때에는 반드시 밝게 들을 생각을 하며,

視	思	必	明	聽	思	必	聰
볼 시	생각 사	반드시 필	밝을 명	들을 청	생각 사	반드시 필	귀 밝을 총
見－5	心－5	心－1	日－4	耳－16	心－5	心－1	耳－11
視	思	必	明	聽	思	必	聰
視	思	必	明	聽	思	必	聰

색 사 필 온 色思必溫 낯빛은 반드시 온화하게 가질 생각을 하고,				모 사 필 공 貌思必恭 거동은 반드시 공손하게 하려고 생각하며,			
色	思	必	溫	貌	思	必	恭
빛 색	생각 사	반드시 필	따뜻할 온	모양 모	생각 사	반드시 필	공손할 공
色－0	心－5	心－1	水－10	豸－7	心－5	心－1	心－6
色	思	必	溫	貌	思	必	恭
色	思	必	溫	貌	思	必	恭
色	思	必	溫	貌	思	必	恭

★위에서 色은 얼굴빛을 이름.

★위에서 貌는 행동거지를 이름.

언	사	필	충	사	사	필	경
言	思	必	忠	事	思	必	敬

말은 반드시 성실하게 할 생각을 하고, 일은 반드시 신중하게 하려고 생각하며,

言	思	必	忠	事	思	必	敬
말씀 언	생각 사	반드시 필	충성 충	일 사	생각 사	반드시 필	공경 경
言 - 0	心 - 5	心 - 1	心 - 4	亅 - 7	心 - 5	心 - 1	攵 - 9
言	思	必	忠	事	思	必	敬
言	思	必	忠	事	思	必	敬
言	思	必	忠	事	思	必	敬

★忠은 알맹이가 가득 차서 빈틈없는 마음을 뜻하는 글자임.

의	사	필	문	분	사	필	난
疑	思	必	問	忿	思	必	難

의문이 있거든 반드시 물을 생각을 하고, 성이 날 때에는 반드시 곤경을 생각하며,

疑	思	必	問	忿	思	必	難
의심할 의	생각 사	반드시 필	물을 문	성낼 분	생각할 사	반드시 필	어려울 난
疋－9	心－5	心－1	口－8	心－4	心－5	心－1	隹－11

★위에서 難은 '어려운 사정, 재앙' 을 뜻함.

견 득 사 의 **見得思義** 이득을 보면 의리를 생각하여야 하니,	시 위 구 사 **是謂九思** 이를 구사(九思)라 이른다.

見	得	思	義	是	謂	九	思
볼 견	얻을 득	생각할 사	옳을 의	이/옳을 시	이를 위	아홉 구	생각 사
見－0	彳－8	心－5	羊－7	日－5	言－9	乙－1	心－5

★見得思義는 見利思義(견리사의)와 같은 말임.

족 용 필 중	수 용 필 공
足容必重	手容必恭
걸음걸이는 반드시 무거운 듯이 하고,	손동작은 반드시 공손하여야 하며,

足	容	必	重	手	容	必	恭
발 족	얼굴 용	반드시 필	무거울 중	손 수	얼굴 용	반드시 필	공손할 공
足－0	宀－7	心－1	里－2	手－0	宀－7	心－1	心－6
足	容	必	重	手	容	必	恭
足	容	必	重	手	容	必	恭
足	容	必	重	手	容	必	恭

★위에서 容은 '모습, 몸가짐' 의 뜻으로 쓰였음.

두 頭	용 容	필 必	직 直	목 目	용 容	필 必	단 端
머리는 반드시 곧게 하고,				눈은 반드시 단정해야 하며,			
頭	容	必	直	目	容	必	端
머리 두	얼굴 용	반드시 필	곧을 직	눈 목	얼굴 용	반드시 필	끝 단
頁－7	宀－7	心－1	目－3	目－0	宀－7	心－1	立－9
頭	容	必	直	目	容	必	端
頭	容	必	直	目	容	必	端
頭	容	必	直	目	容	必	端

★端은 '바를 단'으로도 새긴다.

구 용 필 지

口容必止

입은 반드시 다물고 있어야 하고,

성 용 필 정

聲容必靜

목소리는 반드시 조용하여야 하며,

口	容	必	止	聲	容	必	靜
입 구	얼굴 용	반드시 필	그칠 지	소리 성	얼굴 용	반드시 필	고요할 정
口 – 0	宀 – 7	心 – 1	止 – 0	耳 – 11	宀 – 7	心 – 1	靑 – 8

★위에서 靜은 '조용하다' 의 뜻으로 쓰였음.

기	용	필	숙	입	용	필	덕
氣	**容**	**必**	**肅**	**立**	**容**	**必**	**德**
숨은 반드시 고르고 정숙하여야 하고,				선 자세는 반드시 바르고 의젓해야 하며,			
氣	容	必	肅	立	容	必	德
기운 기	얼굴 용	반드시 필	엄숙할 숙	설 립	얼굴 용	반드시 필	큰 덕
气-6	宀-7	心-1	聿-7	立-0	宀-7	心-1	彳-12
氣	容	必	肅	立	容	必	德
氣	容	必	肅	立	容	必	德
氣	容	必	肅	立	容	必	德

색 용 필 장 色容必莊 낯빛은 반드시 엄숙하여야 하니,	시 위 구 용 是謂九容 이를 구용(九容)이라 이른다.

色	容	必	莊	是	謂	九	容
빛 색	얼굴 용	반드시 필	씩씩할 장	이/옳을 시	이를 위	아홉 구	얼굴 용
色－0	宀－7	心－1	艹－7	日－5	言－9	乙－1	宀－7
色	容	必	莊	是	謂	九	容
色	容	必	莊	是	謂	九	容
色	容	必	莊	是	謂	九	容

★위에서 色은 '얼굴빛'을 뜻함.

사 사 여 친 事師如親 스승 섬기기를 부모와 같이 하여,				필 공 필 경 必恭必敬 반드시 공손하게 대하고 존경하여라.			
事	師	如	親	必	恭	必	敬
일 사	스승 사	같을 여	친할 친	반드시 필	공손할 공	반드시 필	공경 경
亅－7	巾－7	女－3	見－9	心－1	心－6	心－1	攵－9
事	師	如	親	必	恭	必	敬
事	師	如	親	必	恭	必	敬
事	師	如	親	必	恭	必	敬

★위에서 事는 '섬기다'의 뜻으로 쓰였음.

불 교 불 명	부 지 하 행
不教不明	**不知何行**
가르치지 않아 (사리에) 밝지 않다면,	(사리를) 알지 못하니 무엇을 할 수 있겠는가.

不	教	不	明	不	知	何	行
아닐 불	가르칠 교	아닐 불	밝을 명	아닐 부	알 지	어찌 하	다닐 행
一－3	攵－7	一－3	日－4	一－3	矢－3	人－5	行－0

★위에서 明는 '사리에 밝다'의 뜻으로 쓰였음.

★不 뒤에 오는 글자의 첫소리가 ㄷ, ㅈ일 때는 부

능	효	능	제	막	비	사	은
能	孝	能	悌	莫	非	師	恩

부모님께 효도하고 형제간에 공손할 수 있음은 — 스승의 은혜가 아닌 것이 없고,

能	孝	能	悌	莫	非	師	恩
능할 능	효도 효	능할 능	공손할 제	없을 막	아닐 비	스승 사	은혜 은
肉－6	子－4	肉－6	心－7	艹－7	非－0	巾－7	心－6
能	孝	能	悌	莫	非	師	恩
能	孝	能	悌	莫	非	師	恩

★悌(제) : 아우로서 형을 따르는 마음가짐을 뜻하는 글자

★莫非(막비) : 아닌 것이 없다.

능 화 능 신 能和能信 화목할 수 있고 신의를 지킬 수 있음도	총 시 사 공 摠是師功 이 모두가 스승의 은공이다.

能	和	能	信	摠	是	師	功
능할 능	화할 화	능할 능	믿을 신	모두 총	이/옳을 시	스승 사	공 공
肉-6	口-5	肉-6	人-7	手-11	日-5	巾-7	力-3

★能…：…할 수 있다.

★摠是(총시)：이 모두가

삼 강 오 륜 三綱五倫 삼강과 오륜도				유 사 교 지 惟師敎之 오직 스승의 가르침이요,			
三	綱	五	倫	惟	師	敎	之
석 삼	벼리 강	다섯 오	인륜 륜	생각할 유	스승 사	가르칠 교	갈 지
一－2	糸－8	二－2	人－8	心－8	巾－7	攵－7	丿－3
三	綱	五	倫	惟	師	敎	之
三	綱	五	倫	惟	師	敎	之
三	綱	五	倫	惟	師	敎	之

★위에서 惟는 唯(오직 유)와 같은 뜻으로 쓰였음.

비	이	자	행	유	사	도	지
非	**爾**	**自**	**行**	**惟**	**師**	**導**	**之**

네 스스로 행할 수 없는 것이 있다면, 오직 스승께서 (너를) 인도해 주실 것이다.

非	爾	自	行	惟	師	導	之
아닐 비	너 이	스스로 자	다닐 행	생각할 유	스승 사	인도할 도	갈 지
非－0	爻－10	自－0	行－0	心－8	巾－7	寸－13	丿－3
非	爾	自	行	惟	師	導	之

★爾는 汝(너 여)와 같은 뜻.

기 은 기 덕 **其恩其德** 그 은혜와 그 덕이야말로	역 여 천 지 **亦如天地** 또한 하늘같이 높고, 땅같이 두텁다.

其	恩	其	德	亦	如	天	地
그 기	은혜 은	그 기	큰 덕	또 역	같을 여	하늘 천	따/땅 지
八 - 6	心 - 6	八 - 6	彳 - 12	亠 - 4	女 - 3	大 - 1	土 - 3
其	恩	其	德	亦	如	天	地
其	恩	其	德	亦	如	天	地
其	恩	其	德	亦	如	天	地

욕 효 부 모	하 불 경 사
欲孝父母	何不敬師
부모님께 효도하고자 하면서	어찌 스승을 공경하지 않으리오.

欲	孝	父	母	何	不	敬	師
하고자 할 욕	효도 효	아비 부	어미 모	어찌 하	아닐 불	공경 경	스승 사
欠－7	子－4	父－0	毋－1	人－5	一－3	攵－9	巾－7
欲	孝	父	母	何	不	敬	師
欲	孝	父	母	何	不	敬	師
欲	孝	父	母	何	不	敬	師

★何不… : 어찌 … 아니할 것인가.

보	은	이	력	인	지	도	야
報	恩	以	力	人	之	道	也

힘써 은혜를 갚는 것이 사람의 도리이다.

報	恩	以	力	人	之	道	也
갚을/알릴 보	은혜 은	써 이	힘 력	사람 인	갈 지	길 도	어조사 야
土－9	心－6	人－3	力－0	人－0	丿－3	辶－9	乙－2
報	恩	以	力	人	之	道	也
報	恩	以	力	人	之	道	也
報	恩	以	力	人	之	道	也

★…也 : …이다.

사	유	질	병	즉	필	약	지
師	有	疾	病	卽	必	藥	之

스승께서 병을 얻어 고생하시면, 곧바로 반드시 약을 지어 드리고,

師	有	疾	病	卽	必	藥	之
스승 사	있을 유	병 질	병 병	곧 즉	반드시 필	약 약	갈 지
巾－7	月－2	疒－5	疒－5	卩－7	心－1	艹－15	丿－3

★疾病(질병) : 몸의 온갖 병

문 이 동 자 問爾童子 너의 어린아이에게도 물어보아라,	혹 망 사 덕 或忘師德 혹시 스승의 은덕을 잊지 않았는지.

問	爾	童	子	或	忘	師	德
물을 문	너 이	아이 동	아들 자	혹 혹	잊을 망	스승 사	큰 덕
口-8	爻-10	立-7	子-0	戈-4	心-3	巾-7	彳-12

막 이 불 현	감 사 차 심
莫以不見	敢邪此心
나타나지 않는다고 해서	어찌 감히 마음을 바르지 않게 가지리오.

莫	以	不	見	敢	邪	此	心
없을 막	써 이	아닐 불	나타날 현	감히/구태여 감	간사할 사	이 차	마음 심
艹－7	人－3	一－3	見－0	攵－8	邑－4	止－2	心－0
莫	以	不	見	敢	邪	此	心
莫	以	不	見	敢	邪	此	心
莫	以	不	見	敢	邪	此	心
莫	以	不	見	敢	邪	此	心

★見은 '볼 견' 으로도 새긴다. 위에서는 '나타나다, 드러나다' 의 뜻으로 쓰였음.

관 차 서 자 觀此書字 이 글(사자소학)을 보고서	하 인 불 효 何忍不孝 어찌 차마 효도를 하지 않으리오.

觀	此	書	字	何	忍	不	孝
볼 관	이 차	글 서	글자 자	어찌 하	참을 인	아닐 불	효도 효
見－18	止－2	曰－6	子－3	人－5	心－3	一－3	子－4
觀	此	書	字	何	忍	不	孝
觀	此	書	字	何	忍	不	孝
觀	此	書	字	何	忍	不	孝

★書字(서자) : 글이나 글자

★何는 의문사로 쓰였음. 어찌 …하겠는가?

慶弔事(경조사) 봉투 문구

結婚式(결혼식)

祝축	祝축	賀하	祝축	祝축
盛성	聖성		華화	結결
典전	婚혼	儀의	婚혼	婚혼

回甲宴(회갑연)

祝축	壽수	祝축	祝축	祝축
		禧희	壽수	回회
儀의	儀의	筵연	宴연	甲갑

백일 · 돌 · 생일

祝축	祝축	慶경	祝축	祝축
百백		賀하	生생	生생
日일	돌돌	돌돌	日일	辰신

승진 · 취임 · 영전

祝축	祝축	祝축	祝축	祝축	祝축
昇승	進진	榮영	就취	赴부	轉전
進진	級급	轉전	任임	任임	任임

개업 · 창립 · 이전

祝축	祝축	祝축	祝축	祝축	祝축
開개	發발	盛성	繁번	創창	移이
業업	展전	業업	榮영	立립	轉전

이사 · 당선 · 수상

祝축	祝축	祝축	祝축	祝축
入입	入입	當당	優우	受수
宅택	住주	選선	勝승	賞상

初喪(초상)

奠전	謹근	賻부	弔조	香향
				燭촉
儀의	弔조	儀의	儀의	代대

★우리말로 풀어 쓰는 것도 권할 만하다.
★보내는 사람의 이름을 봉투 뒤에 쓰지 않고 앞면의 아래에 써도 된다.
★이름만 쓰지 말고 소속이나 사는 곳 등을 함께 쓰는 것이 좋다.

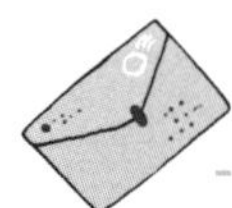

우편물 발송 시 수신인 뒤에 쓰는 호칭 및 특별 문구

- **貴中(귀중)** 단체에
- **貴下(귀하)** 일반적으로 널리 쓰임.
- **座下(좌하)** 공경해야 할 어른, 조부모, 선배, 선생에게
- **先生(선생)** 은사 또는 저명 인사에게
- **女史(여사)** 일반 부인, 특히 귀부인에게
- **大兄(대형), 仁兄(인형)** 친하고 스스럼없는 사이에
- **氏(씨)** 나이나 지위가 비슷한 사람에게
- **님께** 순 한글식으로 쓸 경우
- **君(군), 兄(형)** 친한 친구에게
- **展(전), 卽見(즉견)** 손아랫사람에게
- **孃(양)** 결혼하지 않은 미혼 여성으로서 동년배 혹은 아랫사람에게
- **화백(畵伯), 아형(雅兄)** 화가나 문학상의 친구에게
- **親展(친전)** 친히 본인에게 전달을 요할 때
- **直披(직피)** 손아랫사람의 경우, 남에게 보이지 않도록 할 때
- **至急(지급), 大至急(대지급)** 시급할 때
- **原稿在中(원고재중)** 원고가 들어 있을 때
- **願書在中(원서재중)** 원서가 들어 있을 때
- **履歷書在中(이력서재중)** 이력서가 들어 있을 때